LILIANA IACOCCA MICHELE IACOCCA

Caça ao tesouro

Uma viagem ecológica

Caça ao tesouro – Uma viagem ecológica
© Liliana Iacocca, 1990

Gerente editorial	Claudia Morales
Editoras	Lenice Bueno da Silva/Lavínia Fávero
Editor assistente	Fabrício Valério
Preparadora	Bárbara Heller
Coordenadora de revisão	Ivany Picasso Batista

ARTE
Projeto gráfico e ilustrações	Michele Iacocca
Projeto de capa	Vinicius Rossignol Felipe
Editor	Vinicius Rossignol Felipe
Diagramador	Claudemir Camargo
Arte-final	Graziella

CIP-BRASIL. CATALOGAÇÃO NA FONTE
SINDICATO NACIONAL DOS EDITORES DE LIVROS, RJ.

I12c
16.ed.

Iacocca, Liliana, 1947-2004
   Caça ao tesouro : uma viagem ecológica / texto Liliana Iacocca ; ilustrações Michele Iacocca. - 16.ed. - São Paulo : Ática, 2011.
   48p. : il. - (Pé no chão)

   ISBN 978-85-08-14358-0

   1. Conservação da natureza - Literatura infantojuvenil.
2. Preservação ambiental - Literatura infantojuvenil. 3. Literatura infantojuvenil brasileira. I. Iacocca, Michele, 1942-. II. Título. III. Série.

10-5404.   CDD: 028.5
                               CDU: 087.5

ISBN 978 85 08 14358-0 (aluno)
ISBN 978 85 08 14359-7 (professor)
Código da obra CL 737327

2023
16ª edição
5ª impressão
Impressão e acabamento: Vox Gráfica

Todos os direitos reservados pela Editora Ática, 1990
Av. Otaviano Alves de Lima, 4400 – CEP 02909-900 – São Paulo, SP
Atendimento ao cliente: 4003-3061 – atendimento@atica.com.br
www.atica.com.br

IMPORTANTE: Ao comprar um livro, você remunera e reconhece o trabalho do autor e o de muitos outros profissionais envolvidos na produção editorial e na comercialização das obras: editores, revisores, diagramadores, ilustradores, gráficos, divulgadores, distribuidores, livreiros, entre outros. Ajude-nos a combater a cópia ilegal! Ela gera desemprego, prejudica a difusão da cultura e encarece os livros que você compra.

— O que será que está escrito neste papel?

Um dia, um menino chamado Alexandre achou um pedaço de papel amassado que alguém tinha jogado na lata do lixo. Curioso em saber o que estava escrito, desamassou o papel:

SE A VOCÊ INTERESSA
O TESOURO ENCONTRAR
VÁ CORRENDO E BEM DEPRESSA
NA FLORESTA PROCURAR.

— Bem que eu gostaria de encontrar esse tesouro — pensou Alexandre. — Deve ser um baú cheio de moedas de ouro e pedras preciosas. Vou falar com o professor Procópio. Ele é um especialista em tesouros e com certeza vai me ajudar.

— *Claro que esse tesouro existe.*

O professor Procópio, quando leu o que estava escrito no papel, logo se interessou pelo assunto.
E, por coincidência, tinha acabado de inventar uma máquina absolutamente fantástica, que era ideal para procurar tesouros.
A máquina funcionava sem nenhum tipo de combustível e andava na terra melhor que automóvel, na água melhor que navio, no ar melhor que avião.
Além disso, apertando alguns botões, ela até virava submarino ou foguete espacial.

— Posso convidar alguns amigos, professor?

O professor Procópio adorou a ideia. Alexandre foi logo chamar o Paulinho e a Juliana.

Também acabaram levando o Dudu, que era o irmão menor do Paulinho e quis ir de qualquer jeito.

Pipoca, o cachorro da Juliana, saiu correndo atrás deles e, quando perceberam, ele já tinha entrado na máquina.

— Botão 9! Botão 5! Botão 3! Direção centro-oeste! Conforme as coordenadas, estaremos na floresta em 1 minuto! Vamos partir, crianças!

— As coordenadas estavam certas, o que será que aconteceu?

A floresta deveria estar ali e não estava. Será que a máquina tinha falhado?
Resolveram então perguntar para um dos bois:
— Não era aqui que estava a floresta?
— É lógico que era! — respondeu o boi. — Mas nós precisávamos de pasto e acabaram com a floresta para fazer nosso pasto. De resto, não sei mais nada, só sei pastar.
Uma vaca que escutou a conversa logo foi falando:
— Eu sei onde ela está. Logo ali adiante tem muita floresta. Se deixarem eu subir nessa coisa, levo vocês até lá.
— Aqui não cabe mais ninguém! — disse Paulinho, se desculpando. — Até esse meu irmão só veio porque insistiu.

— Será que a vaca nos informou errado?

As pessoas que trabalhavam olharam assustadas para aquela máquina estranha.

— Socorro! — gritou uma mulher. — Seres de outro planeta estão invadindo a nossa plantação.

— Nós não somos de outro planeta — explicou Alexandre. — Só pensamos que aqui fosse a floresta.

Um homem se aproximou, olhou bem para cada um deles, olhou muito bem para a máquina e falou:

— Aqui era a floresta, mas não é mais! Agora nesta terra cresce arroz, feijão, batata, mandioca, cana, café e muitas outras coisas. Se é mato que vocês querem, lá adiante tem bastante mato.

**— Uma queimada!
Apertem os cintos!
Vamos levantar voo!**

O fogo era tanto que eles tiveram que levantar voo.
— Por que estão queimando a floresta, professor? — perguntou Dudu.
— Com certeza para fazer outro pasto ou outra plantação.
— E o que acontece com os bichos?
— Bem, aqueles que conseguem fugir é lógico que fogem. Mas aqueles que não conseguem, coitados, não quero nem pensar.
— Quer dizer que não existe mais floresta e que nós não vamos encontrar o tesouro?
—Tem que existir floresta. Ela é tão importante na vida de todos os seres, homens e animais, que se ela tivesse acabado o mundo não seria mais o mesmo, e até nossas vidas correriam perigo.

— O cheiro da floresta é delicioso!

Todos queriam falar ao mesmo tempo.
— Que lindo!
— Maravilhoso!
— Olha quantas borboletas!
— Tudo como eu tinha imaginado!
— Onde será que está o tesouro?
— Vocês estão procurando o tesouro? — perguntou uma das árvores mais antigas.
— Isso mesmo! Viemos até aqui por causa disso.
— Ainda bem que chegaram antes do fogo ou do machado. O que vocês procuram está no buraco do meu tronco.
— Oba! Achamos o tesouro! — Alexandre gritou e imediatamente colocou a mão no buraco do tronco da árvore.
No buraco tinha uma caixinha, dentro da caixinha um pedaço de papel dobrado.
— É esse o tesouro? — perguntou Paulinho.
— Calma! Calma! Parece ser só uma pista.
Alexandre então desdobrou o papel e leu o que estava escrito nele:

Segunda pista
SE A VOCÊ INTERESSA
O TESOURO ENCONTRAR
VÁ CORRENDO E BEM DEPRESSA
NO PÂNTANO PROCURAR.

— O que vocês estão procurando?

O caçador veio se aproximando. Juliana ficou assustada e logo respondeu:
— Estamos procurando o tesouro.
— Vocês estão falando com a pessoa errada. Eu procuro animais e não tesouros. E, para falar a verdade, não acredito nessas idiotices de tesouros.
O caçador se afastou e tudo ficou em silêncio.
— Para onde foram os animais?
— Devem ter fugido do caçador.
— E agora, onde é que vamos procurar?

— Ei, pssiu... É aqui...

Era um jacaré que estava saindo de baixo de uma pedra.
— Sem barulho! Falem mais baixo! Não quero que o caçador me veja. A caixinha está debaixo da minha pedra. Peguem logo e, por favor, vão embora. Preciso me esconder novamente.

A pedra era pesada. Eles tiveram que fazer um grande esforço para levantá-la. Debaixo dela encontraram uma caixinha, igual à que estava no buraco do tronco da árvore.

Paulinho leu o que estava escrito no papel:

Terceira pista
SE A VOCÊ INTERESSA
O TESOURO ENCONTRAR
VÁ CORRENDO E BEM DEPRESSA
NO RIO PROCURAR.

— Botão 12! Botão 21! Botão 17! Direção sul! Conforme as coordenadas, estaremos no rio em 3 minutos! Vamos partir, crianças!

— O que será que aconteceu com o rio?

O professor Procópio arregalou os olhos quando viu o rio.
— Não pensei que a sujeira fosse tanta!
— Quem fez isso? — as crianças perguntaram.
— Muita gente fez, e continua fazendo, até sem se dar conta. Todo mundo despeja sujeira no rio. As indústrias com seus produtos químicos perigosíssimos, as usinas, os esgotos da cidade...
Um pequeno peixe interrompeu o professor:
— Sabem, eu não acredito que ainda estou vivo. Todos pensam que o rio é uma lata de lixo.

— Olha, aqui a água está mais limpa!

Dudu começou a dar risada quando olhou para a água.
— Gente, parece um espelho, estou me vendo nela.
Todos riram do jeito do Dudu.
— Gente, olha o que achei na água! Uma caixinha, igual às outras. E também tem um papel dentro.
— Você ainda não sabe ler — falou Juliana. — Deixa que eu leio.

Quarta pista
SE A VOCÊ INTERESSA
O TESOURO ENCONTRAR
VÁ CORRENDO E BEM DEPRESSA
NO MAR PROCURAR.

— Botão 33! Botão 44! Botão 55! Direção leste! Conforme as coordenadas, estaremos no mar em 4 minutos! Vamos partir, crianças!

— Eu não falei que esta máquina é a coisa mais fantástica que alguém já inventou?!

Quando chegaram no mar, o professor Procópio fez questão de mostrar sua máquina para um navio que passava por perto.

Em seguida, desceram na profundidade. A máquina era um verdadeiro submarino.

Daí para a frente foi só um tal de perguntar onde é que estava o tesouro.

Perguntaram para o camarão, para o polvo, para a tartaruga, para o caranguejo, para o cavalo-marinho e até para o tubarão.

Todos responderam que só os peixes muito velhos ainda falavam, às vezes, de navios piratas e de tesouros. E que, agora, o assunto que preocupava a todos eram as toneladas de lixo atômico que estavam sendo despejadas na água do mar e as manchas negras de petróleo que se espalhavam por milhares de quilômetros.

Alexandre e Paulinho começaram a discutir o assunto.

Conversa vai, conversa vem, chegaram à conclusão de que havia tanta coisa errada que todo mundo deveria saber para tentar mudar.

— *Nunca na minha vida vi coisa tão grande!*

Juliana estava realmente surpreendida com o tamanho da baleia.

— Vocês tiveram sorte de eu ainda estar aqui — disse a baleia. — Passei por momentos difíceis, já perdi muitas das minhas amigas. Mas corri os mares de ponta a ponta, fugindo dos caçadores, para poder entregar a caixinha.

A baleia então abriu a boca e mostrou a caixinha que estava guardada no meio dos dentes dela.

— Eu não tenho coragem de pegar!
— Nem eu!
— Nem eu!
— Nem eu!
— Coragem, crianças! — falou o professor.

Tremendo dos pés à cabeça, Alexandre colocou a mão na boca da baleia e agarrou a caixinha.

Todos leram juntos o que estava escrito no papel:

Quinta pista
SE A VOCÊ INTERESSA
O TESOURO ENCONTRAR
VÁ CORRENDO E BEM DEPRESSA
NA MONTANHA PROCURAR.

— Botão 15! Botão 50! Botão 145!
Direção sudoeste! Conforme as coordenadas,
estaremos na montanha em 5 minutos!
Vamos partir, crianças!

— Será que eles também estão procurando o tesouro?

Logo descobriram que não era o tesouro que aquelas pessoas estavam procurando.

O que aquelas pessoas queriam era tirar alguma coisa da montanha. E tiravam pedras, pedras semipreciosas, pedras preciosas, minérios e tudo o que a montanha tinha.

— Desse jeito não vai ter mais montanha — comentou Paulinho.

— Será que vamos ter que nos juntar a eles para encontrar o tesouro? — perguntou Alexandre.

— Aposto que, se o tesouro estivesse aqui, já o teriam levado embora — respondeu o professor.

— E o que faremos então?

— Vamos dar uma olhada para ver o que encontramos.

— *Aqui está pior ainda.*

Eles tinham acabado de entrar num garimpo, que parecia um formigueiro de gente.

Eram milhares e milhares de homens cavoucando, arrancando terra, peneirando, lavando... Muitos, dentro de grandes buracos.

— O que toda esta gente está fazendo, professor? — perguntou Juliana.

— São garimpeiros, estão procurando ouro.

— Quer dizer que vão ficar ricos?

— Alguns até ficam, mas o que fazem é terrível, porque prejudicam a natureza. Destroem tudo e, além disso, usam o mercúrio, que é altamente venenoso. Boa parte desse mercúrio depois é despejado na água do rio.

— Parece que ninguém faz as coisas do jeito certo — disse Alexandre.

— O que será que uma águia está fazendo naquela moita?

O professor Procópio achou estranho que uma águia estivesse no meio da moita e pensou:
— Lugar de águia é na montanha.
Mas logo se deu conta de que a montanha estava invadida. Enquanto isso, a águia levantou voo, deu uma volta em cima da cabeça deles e foi pousar na máquina.
— Ainda bem que vocês não foram embora. Depois que invadiram minha montanha eu tive que sair. Mas ninguém ia tirar a caixinha do meio das minhas garras.
— E, abrindo uma das garras, entregou a caixinha nas mãos de Alexandre, que leu a nova pista:

Sexta pista
SE A VOCÊ INTERESSA
O TESOURO ENCONTRAR
VÁ CORRENDO E BEM DEPRESSA
NA CIDADE PROCURAR.

— Botão 110! Botão 1! Botão 28! Direção oeste! Conforme as coordenadas, estaremos na cidade em 6 minutos! Vamos partir, crianças!

**— Primeiro foi a floresta, depois
o pântano, em seguida o rio,
o mar, a montanha e agora a cidade...**

Enquanto viajavam, as crianças faziam comentários sobre tudo o que já tinha acontecido.
— Não consigo esquecer aquela queimada.
— Sinto muita pena das amigas da baleia.
— Sabe que tive vontade de pedir um pouco de ouro para os garimpeiros? Só para guardar de lembrança.
Dudu queria voltar para casa:
— Estou com saudades da minha mãe.
— Eu sabia que não dava certo trazer irmão menor junto!
— Oba, estamos chegando na cidade!

— Como é difícil entrar na cidade!

Eles estavam impacientes e começaram a se queixar do calor, do mau cheiro e da falta de ar.

— Ouvi dizer, não sei se é verdade — falou Alexandre —, que a fumaça dos carros se junta com a fumaça que as chaminés soltam e também com a fumaça dos cigarros, e que toda essa fumaça forma uma grande nuvem que fica em cima da cidade.

— É verdade — afirmou Paulinho. — Meu tio me contou que essa nuvem contamina até a água da chuva.

— Vocês só falam do mesmo assunto! — reclamou Dudu.

— Como é que vamos encontrar o tesouro no meio dessa confusão?

O professor Procópio, o Alexandre, o Paulinho, a Juliana, o Dudu e o Pipoca se viram no meio daquela confusão e daquele barulho sem saber por onde começar.

Rodaram de um lado para o outro, se perderam pelas ruas, entraram várias vezes na contramão, levaram multa, e sempre parecia que não chegavam a lugar nenhum. Ficaram tão cansados que nem sentiam vontade de conversar.

Até que resolveram descansar numa antiga praça.

— Pensei que vocês não fossem chegar mais.

No meio da praça tinha uma estátua bastante estragada pelo tempo.

— A senhora está falando conosco? — perguntou o professor.

— É lógico que estou — respondeu a estátua. — A caixinha está debaixo do meu braço. Por pouco vocês não me encontrariam aqui, nesta praça vão construir um grande edifício.

O professor Procópio teve que subir no pedestal da estátua e levantar todo o corpo para alcançar a caixinha.

— Temos que continuar viajando! Ouçam o que está escrito neste papel:

Sétima pista
SE A VOCÊ INTERESSA
O TESOURO ENCONTRAR
VÁ CORRENDO E BEM DEPRESSA
NO ESPAÇO PROCURAR.

— Botão 177! Botão 32! Botão 25! Direção para o alto! Conforme as coordenadas, estaremos no espaço em 7 minutos! Vamos partir, crianças!

— Até a máquina está engasgando.

Todos começaram a tossir e chegaram à conclusão de que aquela era a nuvem de fumaça sobre a qual o Alexandre havia comentado.

— Para mim, isso se chama poluição — disse Juliana.
— Vou aumentar a velocidade! Apertem os cintos! — gritou o professor.
— AAAAAAAH!
— Parece parque de diversão!
— Estou tonto!
— Estou com medo!

— *Que lugar estranho para encontrar o tesouro!*

Quando eles se viram naquela imensidão, olharam para um lado e para o outro, olharam um para o outro, e ninguém entendia onde poderia estar o tesouro.
— Vocês estão vendo alguma coisa?
— Eu não.
— Eu também não!
— Eu não estou vendo nada.
— Eu só estou vendo o vazio.
— Achei! — gritou, de repente, Alexandre. — Lá está o tesouro! E apontou para um lugar no espaço.
Paulinho, Juliana, o professor Procópio, Dudu e Pipoca ficaram olhando.
Lá estava, bem na frente deles, redonda, deslumbrante na sua cor azul cheia de luz, a coisa mais maravilhosa que eles já tinham visto.
A emoção era tanta que nem conseguiam falar. Ficaram um longo tempo em silêncio, observando, admirando...
E todos tiveram a certeza de que não podia existir nada mais precioso do que aquilo.

O tesouro era a **TERRA**.

"Tem uma astronave que se chama Terra,
no espaço lançada
para uma longa jornada.
Cada um é tripulante,
cada um é passageiro e comandante
nesta longa viagem.
Longe iremos
se tivermos coragem."

(Gianni Rodari)